시력을 UP!
아이 북 EYE BOOK

보호자에게 드리는 말씀

만약 아이가 눈이 아프다거나 앞이 잘 안 보인다고 하면, 게임이나 훈련 전에 우선 안과 진료를 받아 주세요. 또 훈련 중 눈앞이 어질어질하다고 한다면 잠시 쉬어 주세요.

MEMAMORI DRILL - OISHASANGA KANGAETA by Rui Hiramatsu
Illustrated by Yumi Hayashi
Copyright © Rui Hiramatsu, 2022
All rights reserved

Original Japanese edition published by WANI BOOKS CO., LTD
Korean translation copyright © 2024 by VISION B&P(Greenapple)
This Korean edition published by arrangement with WANI BOOKS CO., LTD, Tokyo, through Office Sakai and Shinwon Agency Co.

이 책의 한국어판 저작권은 신원에이전시를 통해
저작권사와 독점 계약을 맺은 비전비엔피(그린애플)에 있습니다. 저작권법에 의해
한국 내에서 보호를 받는 저작물이므로 무단전재와 복제를 금합니다.

시력을 UP! 아이 북

히라마쓰 루이 글
하야시 유미 그림
오선이 옮김

여러분은 눈에 대해 얼마나 알고 있나요?

세상을 보기 위해서 필요한 눈!
눈은 아주 소중한 우리 몸의 일부지요.

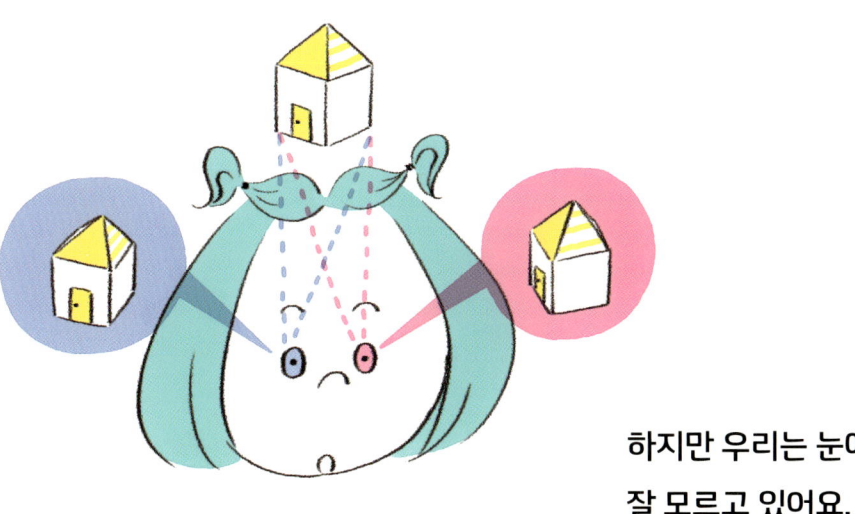

하지만 우리는 눈에 대해
잘 모르고 있어요.

이 책을 통해
눈에 대해 정확히 알아보고,
오랫동안 건강한 눈을 유지해 봅시다!

차 례

- 들어가며 ... 04

제1장 눈에 대한 모든 것

- 사물을 보려면 꼭 필요한 눈! ... 10
- 맛을 느끼는 눈? ... 11
- 눈의 구조 ... 12
- 사물이 입체적으로 보이는 까닭은? ... 14
- 눈에 보이지 않는 곳, 맹점 ... 16
- 집중하면 '보고 싶은 것'만 보인다고? ... 17
- 믿을 수 없는 눈 ... 18
- 눈은 피곤해 ... 20
- 어디까지 보이나요? ... 21

제2장 건강한 눈을 위한 생활 습관

- 매일매일 과로하는 눈 ... 24
- 맑은 날에는 밖에서! ... 26
- 맨눈 vs 선글라스? ... 27
- 편식은 나빠! ... 28
- 매일 같은 시간에 일어나기 ... 29
- 깨끗한 방, 건강한 눈! ... 30
- 바른 자세로 눈 건강 지키기 ... 31

- TV를 볼 때 적절한 거리는? ... 32
- 눈이 피로할 때는? ... 34
- 눈 비비기 금지! ... 36
- 눈을 씻는 법 ... 37
- 시력 검사 ... 38

제 3 장 　 눈이 좋아지는 게임

- 다른 그림 찾기 ... 42
- 미로 탈출 ... 48
- 숫자 찾기 ... 52
- 숨은 그림 찾기 ... 54
- 비슷한 그림 찾기 ... 58

제 4 장 　 눈이 건강해지는 훈련

- 블록 스트링 ... 62
- 묵찌빠 눈 체조 ... 64
- 가보르 아이 ... 66
- 눈 스트레칭 ... 68

- 정답 ... 70
- 나가며 ... 78

제 **1** 장

눈에 대한 모든 것

눈은 보기 위해 존재해요. 당연한 말이라고요?
그런데 '왜' 보이는 걸까요?
그리고 눈으로 본 것은 틀림없을까요?
눈의 비밀을 함께 알아봐요!

사물을 보려면 꼭 필요한 눈!

눈이 하는 일은 '세상을 보는 것'이에요.

모두 눈으로
보기 때문에 알 수 있지요.

맛을 느끼는 눈?

눈은 다른 감각에도 영향을 줘요.
눈을 감고 여러 종류의 주스를 마셔 보세요.
어쩐지 모두 맛이 비슷하지 않나요?
맛을 정확하게 느끼려면 음식이나 음료수의
색과 모양을 '보는 것'이 아주 중요해요.

눈의 구조

도대체 어떻게 눈으로 '볼 수 있는' 걸까요?
정확히 말하자면, '눈'만으로는 볼 수 없어요.
그게 무슨 말이냐고요?
눈으로 본 사물의 정보는 뇌로 전달되는데,
뇌에서 정보를 처리해야만
'본 것'을 인식할 수 있다는 이야기예요.

수정체

수정체는 물체와의 거리에 맞추어 자동적으로 두께를 조절해요. 보다 선명하게 보이도록 말이에요.

망막

망막은 수정체로 들어온 빛이나 색을 알아차려요.

시신경

시신경은 망막에서 전달된 빛 또는 색 정보를 전기 신호로 바꾸어 뇌로 전달해요.

이처럼 눈으로 들어온 정보가 뇌로 전달되어야 '물체가 보인다'는 감각이 생기는 거예요!

사물이 입체적으로 보이는 까닭은?

눈이 왜 2개인지 궁금하지 않나요?
사실 오른쪽 눈과 왼쪽 눈에 비치는 영상은 서로 조금 달라요.
이 2개의 영상이 뇌에서 합쳐지기 때문에
깊이, 폭, 거리를 파악할 수 있어요.

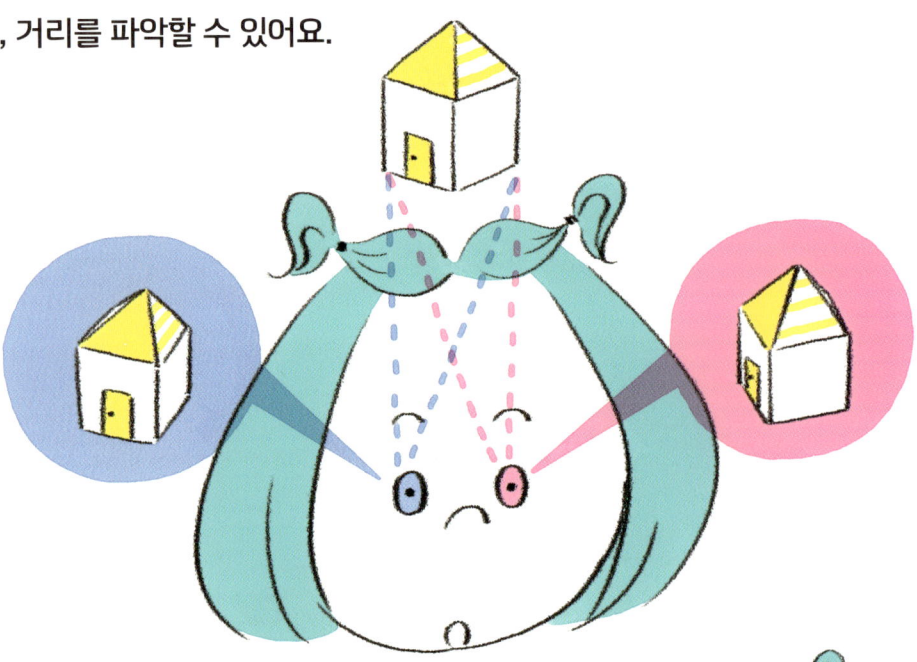

눈알 실험실

한쪽 눈을 감고, 양손의 집게손가락 끝이 맞닿도록 해 보세요.
생각보다 어렵지요? 한쪽 눈으로만 보면 손가락과 손가락 사이의
거리나 폭을 정확히 알기 어려워요.

어둠 속에서도 볼 수 있어요!

밝은 곳에서 갑자기 어두운 곳으로 들어가면 사방이 캄캄해지지만,
시간이 지나면 흐릿하게나마 앞이 보여요.
그 이유는 동공이 빛의 양을 조절하기 때문이에요.
어두운 곳에서는 동공이 커지며 빛을 모으고,
반대로 밝은 곳에서는 동공이 작아지며 눈부시지 않도록 하지요.

눈에 보이지 않는 곳, 맹점

'맹점'이라는 말을 들어 본 적이 있나요?
눈에는 눈으로 본 정보를 뇌로 전달하는 시각 신경이 모인 장소가 있어요.
그곳이 바로 맹점이에요.
맹점에는 '빛을 감지하는 시각 세포'가 없기 때문에 거기에 맺힌 상은 보이지 않아요.

눈알 실험실

왼쪽 눈을 손으로 가리고 오른쪽 눈으로 위의 여자아이만 바라보면서 반복해서 책을 가까이 댔다가 떨어뜨려 보세요. 그러면 어느 지점에서 남자아이가 보이지 않을 거예요. 그곳이 바로 맹점이에요.

집중하면 '보고 싶은 것'만 보인다고?

'집중하면 주변이 보이지 않는다'라고 하는데,
정말로 보이지 않게 된다는 걸 알고 있나요?
집중하고 싶을 때 주변의 사물이 보이면 정신이 분산되기 때문에,
집중할 때 뇌가 필요 없다고 판단한 주변은 안 보이게 된답니다.

눈알 실험실

책을 눈앞에 가까이 대고 위 그림 한가운데에 있는 초록색 별을 들여다보세요.
계속 보고 있으면 점점 주변 그림이 보이지 않게 될 거예요.

믿을 수 없는 눈

여러분은 자신이 본 것을 얼마나 확신하나요?
사실 '눈으로 본 것은 틀림없다!'라는 생각은 틀렸어요.
눈도 착각을 하거든요.

아래 그림을 보세요. 어느 쪽 가로선이 더 길까요?

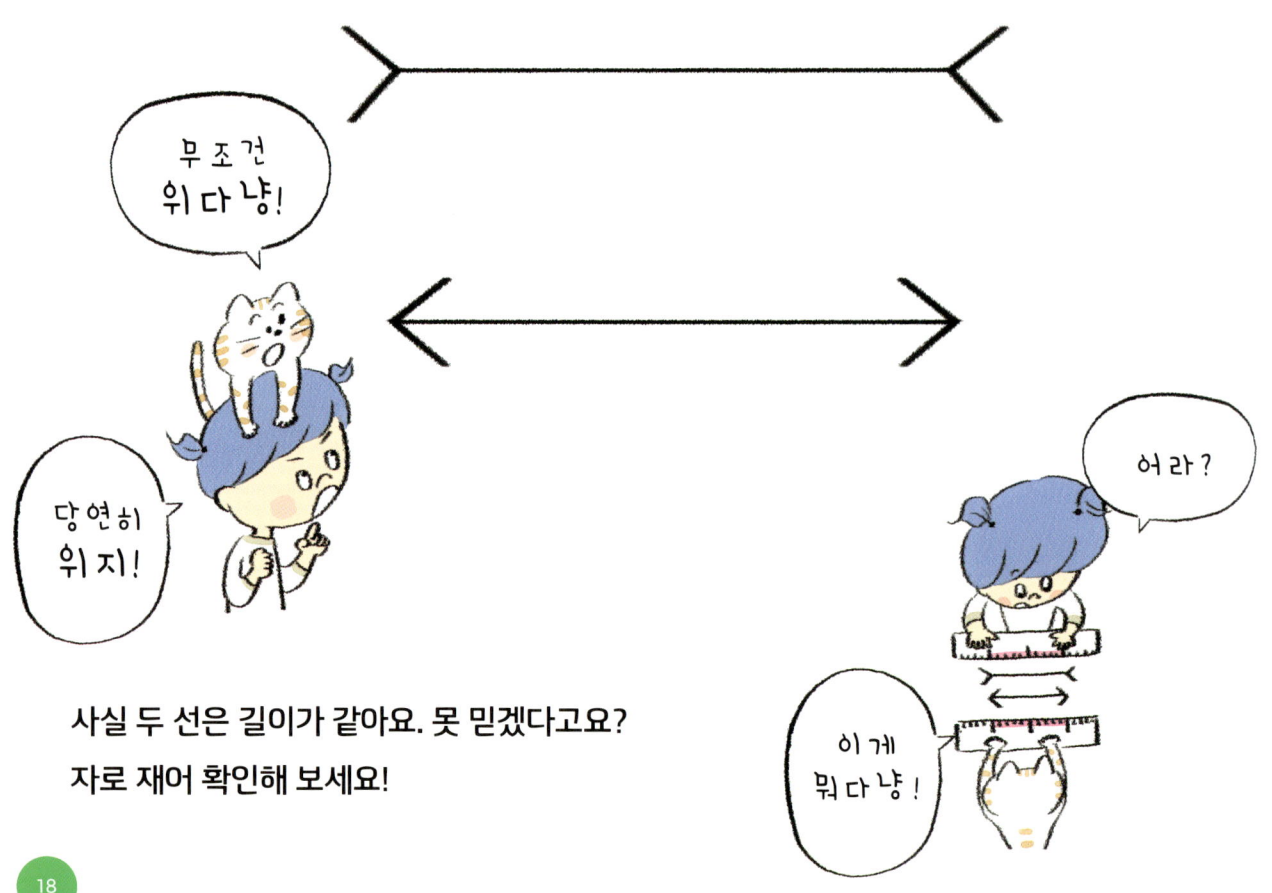

사실 두 선은 길이가 같아요. 못 믿겠다고요?
자로 재어 확인해 보세요!

눈은 피곤해

깨어 있는 동안 계속 움직이는 눈!
가까이 있는 것이나 밝은 것을 볼 때, 눈은 계속 긴장 상태예요.
스마트 기기나 TV를 오래 보면 점점 눈이 피로해져서
멀리 있는 것이 조금씩 보기 힘들어진답니다.

어디까지 보이나요?

여러분은 얼마나 멀리까지 볼 수 있나요?
자, 지금 주변을 살펴보세요!

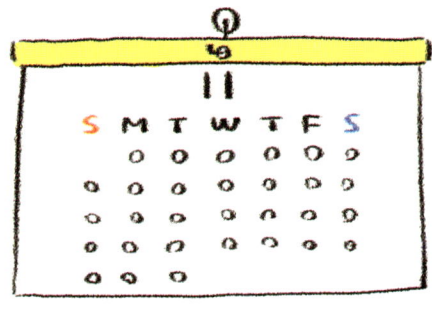

책장에 꽂힌 책 제목은 무엇인가요?
벽에 걸린 달력의 숫자는요?
창밖으로 가게의 간판은 보이나요?

야옹?

어디 보자….

어디까지 보이는지
시험해 보세요!

제 **2** 장

건강한 눈을 위한 생활 습관

눈이 하는 일과 눈의 구조에 대해 이해했나요?
그럼 이제 눈 건강을 유지하기 위한 방법을 알아봐요.
눈에 좋은 것과 하면 안 되는 것,
눈을 지키기 위해 할 수 있는 행동은 무엇이 있을까요?

매일매일 과로하는 눈

앞에서 말했듯이, 눈은 피로해지기 쉬워요.
이제 여러분도 잘 알고 있지요?
그럼 하루에 눈을 얼마나 사용하는지 떠올려 보세요.

공부하거나

독서하거나

TV를 보거나

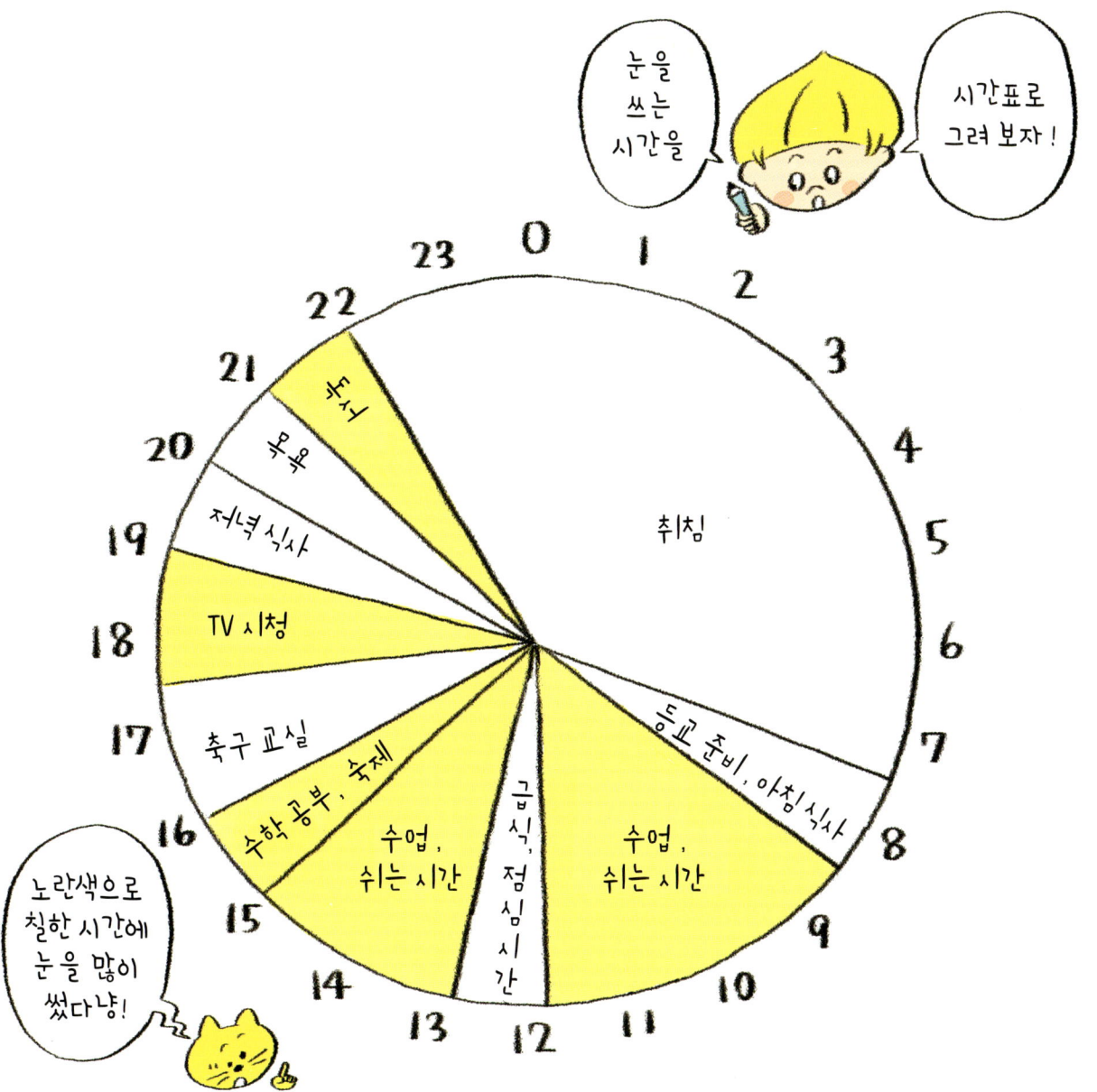

어때요? 생각보다 눈을 많이 쓰고 있지요?
이런 생활을 반복하다 보면 눈에 점점 피로가 쌓여요.
그러므로 짧게 자주 쉬어 줘야 해요.

맑은 날에는 밖에서!

햇빛을 자주 쬐고 몸을 단련하면 눈의 피로도 풀려요.
축구처럼 다 함께하는 놀이라면 더욱 좋아요!
이리저리 시선을 움직이기만 해도 눈 근육이 튼튼해지거든요.

맨눈 vs 선글라스?

햇빛을 쬐는 것은 아주아주 중요하지만,
직접 보는 것은 절대 금지🚫 예요!
눈의 수정체가 빛을 모아서 망막에 상처를 내거든요.
상처가 심하면 앞이 안 보이게 된다고요!

편식은 나빠!

다양한 음식에 조금씩 눈을 건강하게 만드는 영양소가 들어 있어요.
그래서 야채나 고기 가리지 않고 균형 있게 먹는 것이 중요해요.
밥을 먹을 때는 편식하지 말고 골고루 먹어요.

매일 같은 시간에 일어나기

눈이 제대로 쉬려면 잘 자는 게 정말 정말 중요해요.
휴일이라고 온종일 잠만 자면 당연히 밤에 잠이 오지 않겠죠?
매일 정해진 시간에 잠들고, 일어납시다.

깨끗한 방, 건강한 눈!

청소하지 않은 방에는 먼지와 진드기가 가득해요.
그 상태로 계속 두면 눈병의 원인이 되기도 하지요.
요일을 정해서 청소기를 돌리고, 물청소도 하며
방을 항상 깨끗하게 유지해요.

바른 자세로 눈 건강 지키기

책 읽을 때, 무심결에 등을 둥글게 말지 않나요?
등이 굽으면 책과 눈 사이의 거리가 가까워져요.
그러면 눈은 점점 더 피로해지고,
금세 잘 보이지 않게 돼요.
그러니까 앉을 때 등을 쭉 펴도록 합시다!

TV를 볼 때 적절한 거리는?

TV 화면에서 나오는 빛은 햇빛만큼이나 강해요.
그래서 멀리 떨어져서 봐야 하지요.
너무 오래 보는 것도 당연히 눈에 나쁘겠죠?
TV는 적당히 떨어져서, 정해진 시간만큼만 보도록 해요.

방 안을 밝게 하는 것도 중요해요. 어두운 방에서 TV를 보면, 환한 화면과 화면 뒤쪽의 어두운 벽을 보면서 눈이 계속 빛을 조절하기 때문에 쉽게 피로해지거든요.

거리와 밝기를 잘 지킨다고 해도 오랫동안 TV를 보면 눈이 침침해져요. 한 시간에 한 번은 TV 화면에서 눈을 떼고 먼 곳의 풍경을 바라봅시다!

눈이 피로할 때는?

'아침보다 눈이 잘 안 보이네' 또는 '눈이 뻑뻑해'라고
느껴지나요? 눈이 피로하다는 증거예요.
그대로 두면 눈이 나빠지니까, 그럴 때는 눈을 따뜻하게 하고 쉬어야 해요.
몸을 따뜻하게 하면 혈액 순환이 좋아져서 눈의 피로도 풀 수 있어요.

눈 비비기 금지!

눈이 가려워도 손으로 비비는 건 절대 안 돼요.
눈은 약해서 상처가 나기 쉽거든요.
게다가 손에는 보이지 않는 세균이 엄청 많아요!
이런 세균들이 눈에 들어가면 눈병이 생기겠죠?
잠시만 가만히 놔두세요.
도저히 못 참겠다면 조심조심 물로 씻어 봐요.

눈을 씻는 법

1 물을 틀고 손으로 받아요.

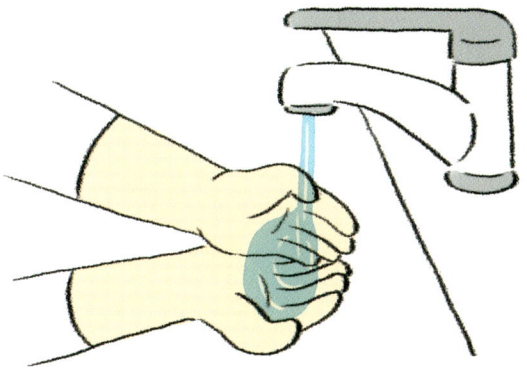

2 손에 받은 물에 눈을 가까이 대고 깜박여요.

시력 검사

시력 검사를 받아 본 적이 있나요?
눈의 상태를 제대로 알려면 시력 검사가 중요해요.
학교나 병원에서 능숙하게 검사 받을 수 있도록
미리 연습해 보아요.

> **준비**
> 1. 안경은 벗고 콘텍트렌즈는 빼 두어요.
> 2. 의자에 앉아서 허리를 펴요.

1. 책을 눈에서 30센티미터 정도 떨어뜨려요.

2. 한쪽 눈을 가려요.

3. 위에서부터 C를 보면서 어느 쪽이 뚫려 있는지 대답해요.

4. 보이는 지점까지 반복해요.

0.1	O	O	O
0.2	C	O	O
0.3	O	O	C
0.4	O	C	O
0.5	O	O	O
0.6	C	O	O
0.7	O	O	C
0.8	O	C	O
0.9	∘	∘	∘
1.0	∘	∘	∘

포인트
◎ 잘 보이지 않더라도 앞으로 다가오거나 몸을 앞으로 내밀지 않아요.
◎ 눈을 찡그리지 않아요.
◎ 흐릿하게 보이는 것을 대답해도 괜찮아요!

※ 시력에는 멀리 떨어진 것을 보는 '원견시력'과 가까운 것을 보는 '근견시력'이 있어요. 책처럼 가까이에 있는 것을 보기 위한 근견시력을 체크해 봐요.

제 3 장

눈이 좋아지는 게임

시선을 움직이는 것만으로도
눈의 기능이 좋아져요.
다양한 게임에 도전하며
재미있게 게임을 즐겨 봐요!

손가락이나 연필 없이 해 봐!

다른 그림 찾기 ①

게임 방법

왼쪽과 오른쪽 그림을 비교해 서로 다른 곳을 8개 찾아보세요.
※ 손가락 또는 연필 사용 금지!

다른 그림 찾기 ②

게임 방법

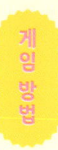

왼쪽과 오른쪽 그림을 비교해 서로 다른 곳을 10개 찾아보세요.

※ 손가락 또는 연필 사용 금지!

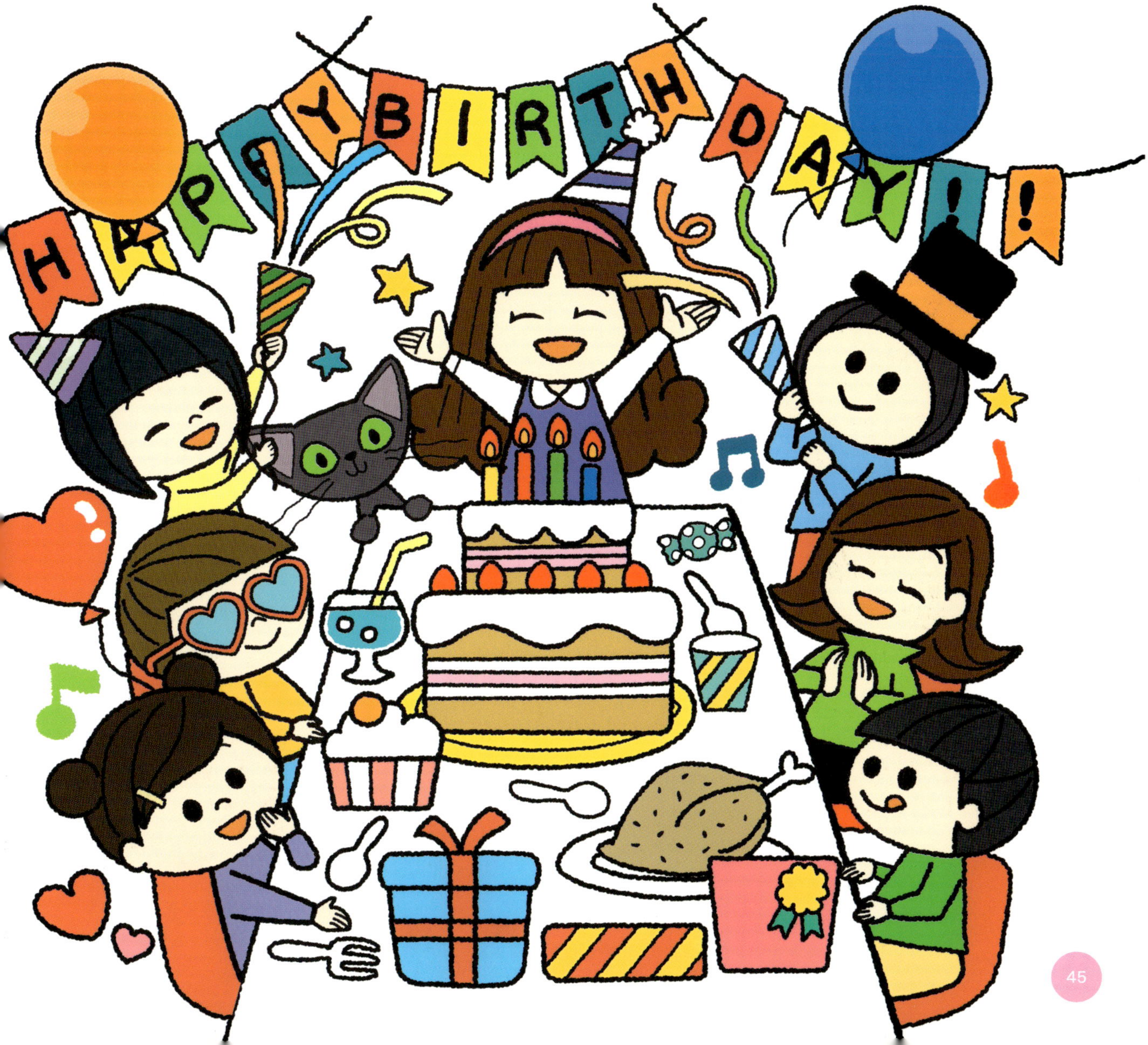

다른 그림 찾기 3

게임 방법

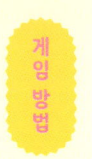

위아래 그림을 비교해
서로 다른 곳을 7개 찾아보세요.
※ 손가락 또는 연필 사용 금지!

아래 그림은 거울에 비친 모습이에요.

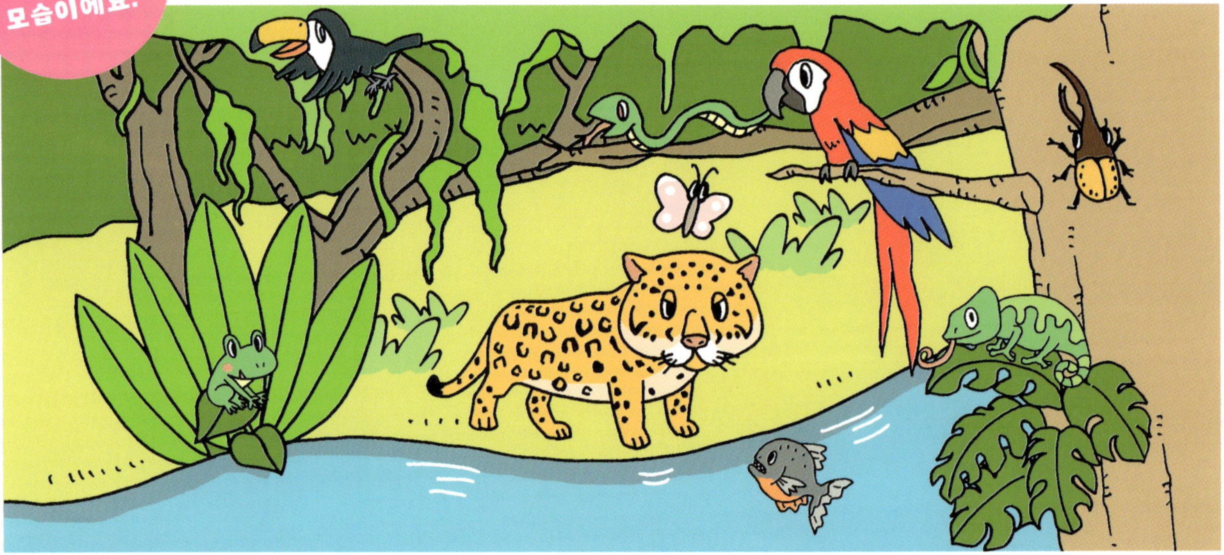

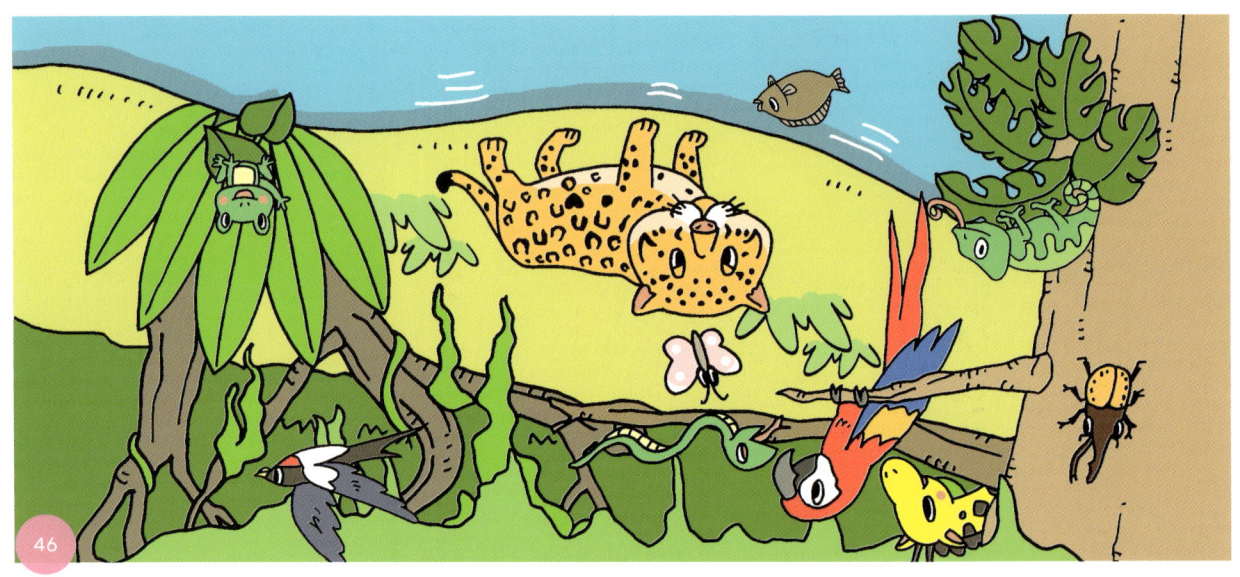

다른 그림 찾기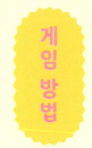

위아래 그림을 비교해 서로 다른 곳을 7개 찾아보세요.
※ 손가락 또는 연필 사용 금지!

게임 방법

미로 탈출 1

게임 방법

1. 곰 모양 문을 모두 통과해서 도착 지점까지 가 보세요.
2. 관광객의 물건을 훔쳐 달아난 원숭이 3마리를 잡은 다음, 도착 지점까지 가 보세요.

※ 한번 지나간 길로 다시 돌아갈 수 없어요. ※ 손가락 또는 연필 사용 금지!

도착

미로 탈출 ②

게임 방법

① 유령이 막고 있는 길을 지나지 않으면서 도착 지점까지 가 보세요.
② 부적 때문에 잠든 유령을 모두 지나서 도착 지점까지 가 보세요.

※ 한번 지나간 길로 다시 돌아갈 수 없어요.　※ 손가락 또는 연필 사용 금지!

숫자 찾기 ①

그림 속에 숨어 있는 1부터 20까지 숫자를 찾아보세요.
※ 손가락 또는 연필 사용 금지!

게임 방법

숫자 찾기 ②

게임 방법: 그림 속에 숨어 있는 1부터 30까지 숫자를 찾아보세요.
※ 손가락 또는 연필 사용 금지!

숨은 그림 찾기 ①

게임 방법

오른쪽 보기의 숨은 그림 7개를 찾아보세요.
※ 손가락 또는 연필 사용 금지!

숨은 그림 찾기

게임 방법 : 오른쪽 보기의 숨은 그림 10개를 찾아보세요.
※ 손가락 또는 연필 사용 금지!

비슷한 그림 찾기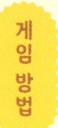

| 게임 방법 | 고양이를 모두 찾아보세요.
무늬는 달라도 괜찮아요.
※ 손가락 또는 연필 사용 금지! |

비슷한 그림 찾기 ②

게임 방법: 오른쪽 사탕과 무늬가 같은 사탕을 찾아보세요.
※ 손가락 또는 연필 사용 금지!

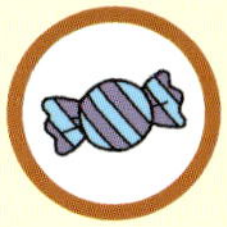

제 4 장

눈이 건강해지는 훈련

눈의 힘을 키워 주는 훈련을 알아볼까요?
원하는 것을 골라 한 가지만 해도 좋아요.
매일 반복하면 조금씩 눈의 기능이 좋아지고
시력 게임의 속도도 빨라질 거예요.

블록 스트링

효과는? 눈을 가운데로 모으는 훈련을 통해 먼 곳과 가까운 곳을 바라보는, '초점을 바꾸는 힘'을 기를 수 있어요.

훈련 방법

1 책을 눈높이까지 들고 옆쪽의 왼쪽 눈, 오른쪽 눈에 눈의 위치를 맞춥니다.

2 ● → ★ → ◆순으로 5초씩 바라본 뒤, 거꾸로 반복합니다.

이렇게 보인다면 OK!

●을 볼 때

★을 볼 때

◆을 볼 때

왼쪽 눈   오른쪽 눈

묵찌빠 눈 체조

효과는? 눈으로 본 것을 바로 판단해서, 몸으로 빠르게 표현해 봐요.

훈련 방법

1 화살표 방향대로 그림과 똑같이 가위바위보를 내 보세요.

2 이기는 가위바위보를 내 보세요.

3 지는 가위바위보를 내 보세요.

포인트

◎ 익숙해지면 화살표 반대 방향으로도 해 보세요.

◎ 점점 속도를 높여서 훈련해 보세요.

가보르 아이

효과는? 눈으로 본 것을 뇌에서 잘 처리할 수 있도록 단련해요.

훈련 방법

1 옆쪽 출발 지점의 줄무늬를 잘 보고 기억해요.

2 순서로 반복하면서 도착 지점까지 가 보세요.

대각선으로는 갈 수 없어요!

3 그다음 좋아하는 모양을 골라서 같은 모양이 몇 개 있는지 세어 보세요.

포인트

가보르 아이*란?

눈에 비친 영상이 흐릿한 경우, 뇌는 그것을 선명한 영상으로 조정하는 힘이 있어요.
이 힘을 훈련하면 눈이 잘 보이게 되지요. 매일 10분씩만 해도 효과는 충분해요.

* 노벨물리학상 수상자 데니스 가보르(Dennis Gabor)가 발명한 시력 개선법

출발

도착

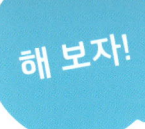

눈 스트레칭

눈은 일상생활에서 긴장해서 뻑뻑해지기 쉬워요. 그래서 스트레칭으로 자주 풀어 주어야 해요. 나아가 몸 전체를 풀어 주는 것도 효과적이에요. 쉬는 시간이나 TV을 볼 때, 틈틈이 스트레칭을 해 주세요.

원근 스트레칭

1 집게손가락을 세워 눈과 눈 사이에 오도록 한쪽 손을 쭉 뻗은 뒤, 1초간 집게손가락을 쳐다봐요.

2 팔을 약간 구부려 집게손가락을 가까이하고 마찬가지로 1초간 바라봐요. 그런 다음 손가락이 흐릿해지기 직전까지 가까이하고 1초간 바라봐요.

팔 뻗기와 점프

1 긴장을 풀고 팔과 다리를 힘껏 뻗어 보세요.

2 그다음 팔짝팔짝 점프를 해요. 팔 뻗기와 점프를 10회 반복하세요.

이것도 추천!

TV나 스마트 기기에 집중할 때는 눈을 거의 깜박이지 않지요. 그러면 눈이 건조해지거나 피로해지기 쉬워요. 생각날 때마다 깜박깜박 눈을 깜박여 보세요.

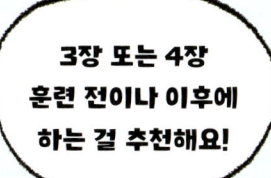

3장 또는 4장 훈련 전이나 이후에 하는 걸 추천해요!

42~43쪽 정답 부분

44~45쪽 정답 부분

 46쪽 정답 ○ 부분

 47쪽 정답 ○ 부분

52쪽 정답

53쪽 정답

54~55쪽 정답 ○ 부분

56~57쪽 정답 ○ 부분

58쪽 정답 ○ 부분

59쪽 정답 ○ 부분

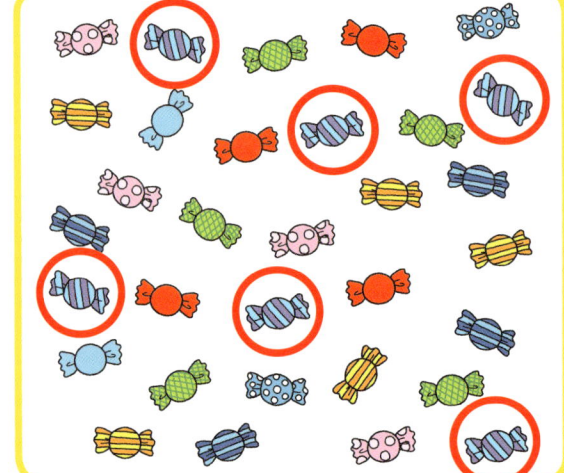

67쪽 정답

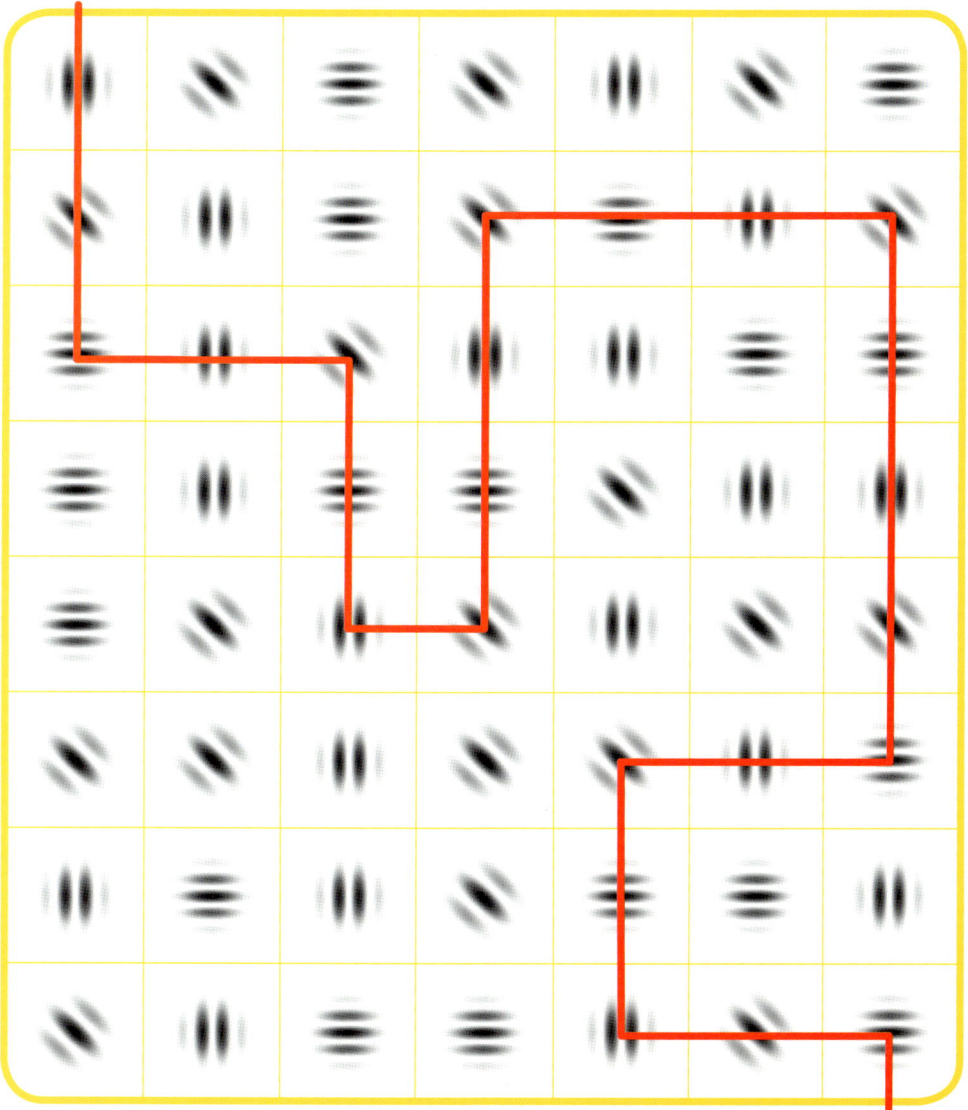

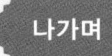

아이의 건강한 눈을 위해

안녕하세요, 한국의 부모님들. 혹시 이런 걱정 때문에 끙끙 앓고 있진 않으신가요?

'내가 근시니까 혹시 내 아이도?'

'게임을 너무 많이 하게 해 줬나?'

어느 부모든 아이의 눈이 나빠지지 않기를 바랄 거예요. 그렇다고 아이가 이미 근시여서 소용없다는 건 아니에요. 또한 근시가 아니니까 내버려둬도 괜찮다는 것도 아닙니다. 현재 아이의 눈이 어떤 상태이든, 부모에게는 자녀가 건강한 생활 습관을 지닐 수 있도록 도울 책임이 있으니까요.

요즘 아이들은 컴퓨터는 물론 스마트폰, 태블릿 등의 각종 스마트 기기로 유튜브를 비롯한 영상 콘텐츠를 점점 길게 보고 있습니다. 게임도 하고요. 공원에서 놀 때도 모두 작은 화면에 코를 박고 있지요. 과거에는 본다고 해도 TV 정도였는데 말입니다. 문제는 어느 정도 떨어져서 보게 되는 TV 화면과 달리, 스마트 기기는 바짝 붙어서 본다는 것입니다.

현실적으로 아이들에게 게임을 하지 말라거나, 유튜브를 보지 말라고 하긴 힘들어요. 불가능한 해결책 대신, 실천 가능한 해결책을 알려 드리고 싶어 이 책을 펴내게 되었습니다. 단, 이런 활동을 하지 않으면 눈이 나빠진다고 생각하지는 말아 주세요. 이 책은 '눈이 나빠지지 않게 해 주는 방법'이 아니라, '시력이 좋아지게 만드는 방법'을 소개하고 있으니까요.

　제가 또 다른 책에서 추천한 가보르 아이는 공교롭게도 아이들이 재미있어 하는 활동이 아닙니다. 그래서 고심 끝에 다른 그림 찾기나 미로 탈출 등, 아이들이 재미있어 할 만한 게임들을 수록했습니다. 즐겁게 놀면서 눈을 건강하게 지킬 수 있도록요. 흥미로운 페이지는 여러 번 반복해 주시고, 지루해하는 페이지는 그냥 넘겨도 괜찮습니다. 그런다고 효과가 줄어드는 건 아니니까요. 진심으로 간절히 아이들이 재미있어 하며 즐기는 책이 될 수 있기를 바랍니다.

- 히라마쓰 루이(平松 類)

시력을 UP! 아이 북 EYE BOOK

초판 1쇄 인쇄 2024년 6월 14일
초판 1쇄 발행 2024년 6월 28일

글 히라마쓰 루이
그림 하야시 유미
옮긴이 오선이
펴낸이 이범상
펴낸곳 (주)비전비엔피·그린애플

책임편집 신은정 | **디자인** 이민선
마케팅 이성호 이병준 문세희
전자책 김성화 김희정 안상희 김낙기
관리 이다정

주소 (우) 04034 서울특별시 마포구 잔다리로7길 12 (서교동)
전화 02) 338-2411 | **팩스** 02) 338-2413
홈페이지 www.visionbp.co.kr
인스타그램 https://www.instagram.com/greenapple_vision
포스트 post.naver.com/visioncorea
이메일 visioncorea@naver.com
원고 투고 gapple@visionbp.co.kr

출판 등록 제2021-000029호
ISBN 979-11-92527-53-6 (73510)

- 책값은 뒤표지에 있습니다.
- 잘못된 책은 구입하신 서점에서 바꿔드립니다.
- KC마크는 이 제품이 공통안전기준에 적합하였음을 의미합니다.